الطابق الرابع

الطابق الرابع

إرشادات مهنية لاجتياز متاهات الشركات

مريم إبراهيم المنصوري

دار جامعة حمد بن خليفة للنشر
HAMAD BIN KHALIFA UNIVERSITY PRESS

الطبعة العربية الأولى عام ٢٠١٨

دار جامعة حمد بن خليفة للنشر
صندوق بريد ٥٨٢٥
الدوحة، دولة قطر

www.hbkupress.com

الطباق الرابع

مع شكر خاص للفنان المصور خليفة العبيدلي

الترقيم الدولي: ٩٧٨٩٩٢٧١١٩٩٤١

مكتبة قطر الوطنية بيانات الفهرسة- أثناء- النشر (فان)

المنصوري، مريم إبراهيم، مؤلف.

الطابق الرابع : إرشادات مهنية لاجتياز متاهات الشركات / مريم إبراهيم المنصوري. – الطبعة العربية الأولى. – الدوحة : دار جامعة حمد بن خليفة للنشر ، 2018.

صفحة ؛ سم.

تدمك : 978-9927-119-94-1

1. التوجيه المهني -- قطر. ج. العنوان.

HF5381.M36 2018

650.14-dc23

201726174856

المحتويات

مقدمة

يمرّ كلٌّ منا في مسيرته المهنية بخبرات خاصة وتجارب فريدة يبقى أثرها معه، و تظل دائماً حاضرة معنا نرتبط بها وترتبط بنا. تماماً مثلما تبقى معنا بعض الأفكار بشكل دائم. ومن الناحية الفلسفية، تأتي الأفكار وتذهب وبعضها يبقى عالقًا في الذهن ويمكن أن يعيد تشكيل حياتك المهنية. وهذا ما حدث معي بالضبط.

كنت أعمل في الطابق الرابع نظرًا لوجود مكتبي في هذا الطابق. وهو مكان وقعت فيه كثير من الأحداث، ووُلِدَت فيه كثير من الأحلام، واكتسبتُ وتعلمت فيه كثير من الخبرات بصبرٍ ومن دون كللٍ أو مللٍ. ومن هذا المنطلق، أصبح لهذا المكان قدسيته الخاصة.

وقد راودتني فكرة تأليف هذا الكتاب عندما كنت أعمل في هذا الطابق تحديدًا. وما كنت لأفكر في تأليفه لو لم أكن هناك. فالطابق الرابع كان بمثابة بوتقة انصهار لأفكاري، وهو المكان الذي نبتت فيه بذرة هذا الكتاب وتجذّرت. وبالنسبة إليّ كان هذا المكان، وبحق، طابقاً ذا إطلالة متميّزة.

في الوقت نفسه، فإنني لم أستقِ هذه الخبرات من الطابق الرابع وحده. فهذا الكتاب هو حصيلة خبرات جمعتها على مدار سنوات عملت خلالها لدى مؤسسات مختلفة وشغلت مناصب متنوّعة.

هذا الكتاب محاولة لجمع الأفكار المشتركة، والأسئلة والشكوك التي قد تنتاب المرء على مدار حياته المهنية. والقصد منه هو الإجابة عن هذه الأسئلة بصدق وأمانة بما يساعد المرء التغلب على التحديات التي قد يواجهها في مكان العمل.

آمل أن يكون هذا الكتاب مصدر إلهام لقرّائه في حياتهم المهنية على اختلاف مراحلها، وأدعوكم أن تقطفوا زهرة تفتّحت لأول مرة في الطابق الرابع، وأن تعتنوا بها وتَنْعموا بفوائدها.

خَوض الغِمار

يحتاج كلّ منا إلى وظيفة. وبينما ينظُر البعض إلى الوظيفة باعتبارها وسيلة لكسب الرزق، وتوفير لقمة العيش؛ ومن ثم يتحتّم عليهم تأديتها حتى لو افتقروا إلى الحماس نحوها، فإنّ آخرين يرونها شيئاً معنويا، يُحفّزهم في حياتهم، ويدفعهم نحو غايتهم، وهي ليست مجرد وظيفة فحسب، ولكنّها حلم يعيشونه في كل وقت وحين.

وإذا لم يكن قلبك معلّقًا بالوظيفة، فلن تصبح مصدرًا للرضا والسرور لديك، بل ستكون حفرة لا مهرب منها. لذلك، اختر الوظيفة التي تحفّزك واختر عملًا يسمح لك بالابتكار والازدهار. واعمل بشغف وبكل جوارحك، وهبْ قلبك وروحك لعملك، ولا تقف عند حدود متطلبات الوظيفة التي تشغلها، وطوّر من نفسك كل يوم، وتمسّك بالعمل الذي تجيده واسعَ إلى التفوّق فيه.

إذا لم تكن وظيفتك الحالية مناسبة وتحقّق لك ما تصبو إليه، فابحثْ عن وظيفة تحقّق لك ذلك.

كان الراحل ستيف جوبز، الشريك المؤسّس لشركة أبل، يحمل شغفًا وتفانيًا لا مثيل له إزاء العمل. وعند الحديث عن الوظيفة المثالية، قال مقولته الشهيرة: "**الطريقة الوحيدة لأداء عمل عظيم هي أن تحبّ العمل الذي تؤديه. وإذا لم تكن قد وجدت العمل الذي تحبّه بعد، فاستمر في البحث ولا تتوقّف، وسوف تعرفه حين تجده، كما هي الحال في جميع الأمور التي يهواها القلب**".

التوقف عن البحث سيكون بمثابة التنازل عن أحلامك في منتصف الطريق، وسيكون ذلك مؤسفًا. فالأحلام وُجِدت لسبب، وهي ما يمنحنا القوة لمواصلة الحياة.

على أرضٍ صلبة

الأساس هو أكثر الأجزاء أهمية في أيّ بناء ظاهر على السطح، فهو الذي يحدّد مدى قوّة البناء وقدرته على مقاومة الصدمات الخارجية. وفي المقابل يقود الأساس الهشّ إلى بناء قابل للانهيار، أو إلى بناء تتصدّع جدرانه بسهولة، فهكذا تصير الأمور. لابد أن يكون الأساس متينًا ومحفورًا بعمق في الأرض، كي يصمد المبنى أمام الضغط الخارجي.

وسيّان الأمر بالنسبة إلى الأفراد. فالشخصيّة القويّة المُحصَّنة جيدًا هي نتاج لأساس يرتكز إلى قيم راسخة. وأنت كفرد ستظهر بشخصية قوية إذا كانت جذورك ضاربة في الأرض، ولن ترضخ للضغوط، ولن يكون من السهل زعزعتك أو التأثير عليك. هكذا ينشأ الأشخاص الذين يستطيعون الصمود أمام تقلبات الحياة وتحدّيات العمل.

كتب المؤلف توماس الكمبيسي عبارة قال فيها: "**كلما علا البناء كان لا بدّ أن يُصب الأساس على عمق أكبر.**" وهي مسألة ذات أهمية لا يمكن إغفالها.

وهذا الأمر يصحّ أيضًا على المستوى المهني، فالإدارة، على سبيل المثال، هي منهج متعدّد الاختصاصات ويتطلب الخبرة والمهارة في مجالات مختلفة. فإذا كان لك أساس مبنيّ على المعرفة والخبرة والثقة، فإن ذلك سيكون عونًا كبيرًا لك وسيمكنك من أن تقطع شوطًا طويلًا في طريق حياتك المهنية.

الأساس السليم هو الذي يصنع الفارق سواء على المستوى الشخصي أو المهني. وهو الذي سوف يلمسه الجميع لأنه سوف يميّزك عن الآخرين.

تَحرَّر من النمطيّة

من الشائع أن يعتقد الناس في صحة بعض الصور النمطيّة. ونحن جميعًا نقترف هذا الخطأ بدرجة أو بأخرى. وعادةً ما يقع الناس ضحيّة لأفكارهم المسبقة ويخطئون في الحكم على زملائهم، وقد تدفعهم إلى خيارات خاطئة. فإذا كنت موظفًا أو متدرّبًا شابًا وواعدًا، فقد تجعلك تلك الأفكار المسبقة تشكك في خبرتك العملية وقدراتك، وبالتالي لا يتم أخذك على محمل الجد. وأما في حالة المرأة، فقد يعتقدون تلقائيًا أنها أقل قدرة أو كفاءة بسبب جنسها.

وبالطبع قد يكونون مخطئين، فليس للعمر أو النوع أو العرق أو حتى الانتماء القومي أي علاقة بالكفاءة المهنية.

قد يكون الموظف الشاب أكثر معرفة ومقدرة وأكثر دراية بأحدث توجّهات السوق. وقد تكون المرأة المديرة أكثر ديناميكية، وأكثر اجتهادًا، وقد تكون أجدر بالثقة من الناحية المهنية، بل قد تمتلك موهبة أكبر مقارنة بصورة المدير الرجل المتعارف عليها ضمن منظومة المعتقدات الافتراضية.

وتحذّرنا الحكمة القديمة من الحكم على الكتاب من عنوانه، ولكن ما هكذا يسير عالم الواقع حيث تبقى سطوة الصور النمطية.

ولذلك، عليك أن تدرك حقيقة أنه ربما تكون وُضعت بالفعل في إحدى الصور النمطية.

تصف شيماندا نجوزي أديتشي، الروائية النيجيرية الشهيرة الصور النمطية بقولها: "**لا تكمن مشكلة الصور النمطية في كونها غير صحيحة، ولكن في كونها غير مكتملة. فهي تقدّم قصة واحدة فقط باعتبارها القصة الوحيدة الصحيحة**".

الأمر متروك لك لكي تقرّر نوع القصة التي تريد أن ينسجها الناس حولك – سواء كنت ستساعدهم على كسر الصورة النمطية بما يمكّنك من إثبات ذاتك اعتمادًا على ميزة تكافؤ الفرص، أو كنت ستعزّز معتقداتهم وتثبت أن تصوّرهم عنك كان صحيحًا منذ البداية.

ويمكنك تحقيق ذلك من خلال تجنّب السلوكيات والأفعال التي قد تضرك وتؤدي إلى توسيع فجوة الإنجازات المهنية والشخصية لك. الأمر بيدك لتثبت أنهم محقون أو مخطئون. والكرة، كما يُقال، في ملعبك.

أنا أولاً

عندما تكون على متن طائرة، تُعطى تعليمات السلامة التي تشير بوضوح إلى أنه في حالة الطوارئ، عليك أولاً أن تضع قناع الأكسجين الخاص بك قبل أن تقوم بمساعدة أي شخص آخر. وهذه القاعدة البسيطة تؤكد بدورها حقيقة مفادها أنه وفي أي منظومة، سواء في البيت أو العمل، في حالة طوارئ أو في موقف عادي، ينبغي عليك أن تكون قادراًعلى مساعدة نفسك أولاً قبل أن تمدّ يد العون للآخرين. فأنت في كل ذلك ذو أهمية قصوى.

إذا لم تكن تشعر بالنشاط، فلن يكون بوسعك أن تبعث الحيويّة في الآخرين. وإذا لم تكن مُلهمًا، فلن يكون بوسعك إلهام الآخرين. وإذا لم تكن لديك الدافعية اللازمة، فلن تكون القوة الدافعة التي تقود الآخرين.

الشخص الضعيف لا يمكنه أن يكون مصدر قوة وتحفيز لأيّ أحد آخر. فإذا كنت مريضًا، على سبيل المثال، وتجاهلت العناية بصحتك، فكيف يمكنك أن تعتني بمن تحبّ؟

عليك أن تكون قويًا لتصبح سندًا يتكئ عليه الآخرون، سواءً كانوا أسرتك، أو فريقك في العمل. وليس صحيحًا أنّ اهتمامك بنفسك واعتناءك باحتياجاتك أولاً سوف يكون عملاً يتسم بالأنانية.

وتؤكد الكاتبة الملهمة إليانور براون على أنّ: **"عناية المرء بنفسه ليست أنانية، لأنك لا تستطيع أن تُعطي الآخرين شيئًا من وعاء فارغ"**. ولذلك عليك أن تهتم بنفسك. فدعمك للآخرين يبدأ من عنايتك الجيدة بنفسك.
وسيكون جيداً أن تبدأ في ذلك الآن؛ إذ ليس هناك أفضل من اللحظة الحالية.

التدريب سبيل الإتقان

التدريب هو أحد الوسائل المهمة للوصول إلى الهدف. وهو يسير جنبًا إلى جنب مع الاستعداد والتخطيط. والتدريب ليس شأنًا يمكن الانتهاء منه في شهر، ولا هو مشروع مدته عام. ولكنه ممارسة مستمرة، تتكرر عامًا بعد عام. وقد أصاب جيسي أوينز، الرياضي الذي فاز بالميدالية الذهبية في الأولمبياد أربع مرات، كبد الحقيقة حين قال: **"تدريب مستمرّ مدى الحياة من أجل عشر ثوان فقط".**

من المؤكد أن التدريب ليس بالأمر الهيّن. فهو أمر مرهق يختبر مدى همتك – وهو شبيه بالتدريب من أجل تسلق قمة جبل إفرست.

الفرق هنا هو أن قمة جبل "إفرست" بالنسبة لك مثال للهدف، وأن التدريب ليس بمثابة المعنى الحرفي للتمرين على بلوغ قمة الجبل. ويقال إن التدريب في مجال الرياضة يتكون من خمسة عناصر هي القدرة على التحمّل والسرعة والمهارة والقوة والروح المعنوية. وتتساوى هذه الأمور جميعًا في أهميتها لتحقيق النجاح. لذلك سيكون مطلوبًا منك أن تبذل قصارى جهدك، وأن تكون راغبًا في تحقيق شيء ما، والتدريب سيجعلك سريع البديهة، وأقل عرضة للإرهاق البدني.

الممارسة والتمرين، في حقيقة الأمر، تجعلك أقرب إلى الكمال. وعلى الرغم من أنّ هذه المبادئ ذات صلة بالرياضة فإنّها تنطبق تمامًا على مبدأ التدريب في موقع العمل، فهو يضمن في الحالتين الاستمرارية في إحراز تقدم مهني.

ويقول الفيلسوف اليوناني أرسطو: **"نحن نتاج ما نفعله مرارًا وتكرارًا، فالتميّز إذاً ليس فعلًا ولكنه عادة".**

جهّز أدواتك التدريبية وابدأ، وحينئذ سيكون هدفك في متناول يدك.

التدرّج الوظيفي خطوة خطوة

نحن جميعًا نحلم بمسار مهني مثير، يكون مُحقّقًا للذات ومحفّزًا في آن واحد.

فكونك طموحًا ومخلصًا في عملك هو أمر جيد. ولعلّ الشيء الوحيد الذي يجب أن تأخذه بعين الاعتبار هو أن عليك أن تتحلى بالصبر. فتجنّب السرعة المدمّرة للوصول إلى أعلى القمم. فالترقي الوظيفي هو عملية تدريجية. ضع لنفسك أهدافًا واقعية. واصعد على السلم وليس بالمصعد.

يقول الشاعر والكاتب خليل جبران: "**ليس التقدم بتحسين ما هو كائن، ولكن بالسير نحو ما سيكون**".

تذكر أنّ عليك أن تخوض سباقك الخاص، لذا اختر إيقاع تقدّم مريح لكي لا تستنزف قواك. إذ إنّ تحميل نفسك فوق طاقتها سيحدّ من حماسك، حتى يتلاشى تدريجيًا بالكامل. ولن يمرّ وقت طويل حتى تتبدّد همتك ويخبو اهتمامك تمامًا.

لا أحد يبدأ من القمة. فالجنرال يبدأ حياته المهنية كجندي في المشاة. والرئيس التنفيذي عليه أن يتعلم أولًا أصول العمل. تبدأ السيارات في التحرّك على الغيار الأول قبل أن تتحرّك ببطء ويسر نحو الغيارات الأعلى. وللأهداف المرحلية على طول الطريق أهمية قصوى – أهداف مرحلية من الخبرة والتعلّم والالتزام بتذكر الدروس المستفادة والحكمة وبذل قصارى جهدك ومعرفة متى تبطئ من خطاك ومتى تتوقف للاستراحة وإعادة ترتيب الأولويات.

مثلك كمثل سيارتك. وطريقة قيادتك لها هي ما تحدّد المكان والكيفية والظروف التي سوف توصلك بها إلى وجهتك التي اخترتها. فهل ستكون رحلة وعرة أم نزهة سلسة؟ القرار لك.

خذ مكانك.. استعد.. انطلق

تبدأ أيّ رحلة بالخطوة الأولى، والتي عادة ما تكون متردّدة وغير واثقة. وتؤدي كل خطوة إلى الخطوة التي تليها. وتبدأ العملية بخطوات تدريجية، وبمرور الوقت وبالخبرة، تصبح خطوات ثابتة. وفي نفس الوقت يجب أن تتعلّم أصول العمل وتنسجم مع بيئة العمل الجديدة وتشعر نحوها بالراحة.

وقد لخص أحد العدّائين سنوات من عمره أمضاها في المشاركة في الماراثون قائلًا:

عندما قطعت ٢٠ ميلًا، حَسِبت أنني قد مِت.
وعندما قطعت ٢٢ ميلًا، تمنيت لو أنني قد مِت.
وعندما قطعت ٢٤ ميلًا، علمت أنني مِت.
وعندما قطعت ٢٦،٢ ميلًا، أدركت أني صرت عصياً على الموت.

هناك درس مستفاد من هذه المقولة، وهو درس يصلح للحياة العادية، كما للحياة المهنية. الخطوات الصغيرة المتأنية هي مفتاح النجاح. وهو أمر يصدّق بشكل خاص عند شغل وظيفة جديدة.

وهناك قصة أخرى قديمة نعرفها جميعًا هي قصة الأرنب والسلحفاة، والتي تُعَلّمنا أنه بالمواظبة على العمل سنصل في النهاية إلى الهدف. فلا تأخذك العجلة حتى تبلغ خط النهاية. وعليك أن تدرك أنه ليس سبّاقًا وأنه لا يوجد خط نهاية، وإنما هو خط افتراضي، يبتعد كلما ظننت أنه أصبح قريب المنال. فالهدف إذن ليس الوصول إلى خط النهاية، ولكنه التعلّم والاستيعاب وتشرّب المعرفة على طول الطريق، وهو ما يؤدي إلى الوصول إلى الاتجاه العام لخط النهاية، فضلًا عن اكتساب الثقة والخبرة عبر الطريق.

عندما نشغل وظيفة جديدة، نُظهر الكثير من الحماس لنثبت أنفسنا، ولكن ينبغي ألا نبالغ في ذلك فربما لن يكون الحفاظ على هذا المستوى العالي من الحماس ممكنًا على المدى الطويل. فقد يهدأ حماسك وتعود إلى إيقاعك الطبيعي بمرور الوقت. ولكن بعد أن يكون سقف توقّعات زملائك قد ارتفع. وسوف يُستقبل هذا التغيير باعتباره تغييرًا سلبيًا، حتى وأنت تبذل قُصارى جهدك.

لذلك حافظ على أدائك بمستوى واقعي، فخوض ماراثون يتطلب التدرّب على كيفية الحفاظ على طاقتك في البداية ومن ثم زيادة السرعة ببطء حتى تبلغ خط النهاية. وينطبق الأمر ذاته على أهدافك.

لا تستنفد طاقتك سريعًا، فهناك حياة كاملة في انتظارك.

تأقلم مع التغيير

يجب عليك أن تواكب الزمن وتساير التغيّرات. فالانغماس في الماضي البعيد يضرّ بتقدّمك على المستويين المهني والشخصي. لا تقاوم التغيير وتتقوقع في الماضي، فالطرق القديمة لن تفتح لك أبوابًا جديدة.

كن مرناً، كي تفسح المجال أمام كل ما هو جديد، فالجمود سيقيّدك ويحدّ من حركتك ويضع أمامك حدودًا، ويجعلك منغلقًا على ذاتك. والشخص الناجح هو الذي لا يخضع لهذه المعايير، ولا يذعن للتحدّيات، بل يستوعب الحاضر، وينتظر بفارغ الصبر ليتعلم مما يجود به الزمان.

الحياة عمليّة تعلّم مستمرّة، فعندما تتوقف عن التعلّم تتوقف عن التطوّر. فقد تكون بارعًا في عملك، ولكن لا تدع رضاك عن نفسك يتملّكك. لا تركن إلى أمجاد الماضي. حسّن مهاراتك الحالية، وطوّر مهارات جديدة. استخدم التكنولوجيا أفضل استخدام ممكن ولا تدعها ترهبك. اعمل على تطوير طرق أكثر ذكاءً وسرعة لإنجاز الأعمال التي عادةً ما تستغرق ساعات طويلة.

فكّر في الإمكانات الجديدة التي يوفرها لك الحاضر.

لا تقاوم التغيير. واتبع الحكمة الصينيّة التي تقول: "**عندما تهبّ رياح التغيير، يبني بعض الناس جدراناً، فيما يبني بعضهم الآخر طواحين الهواء**". فهل أنت ممن يتحسّرون على فقدان «الأيام الخوالي» أم أنك ممن يغتنمون الفرص التي يأتي بها الزمن الجديد؟ إلى أيّ فئة تنتمي؟

علامتي التجارية الفريدة

العلامة التجارية هي كل شيء بالنسبة إلى أيّ شركة، فهي التي تغرس الثقة في السوق، وهي التي تجعل المستهلك يفضل منتجًا على آخر. العلامة التجارية، باختصار، هي جوهر وجود الشركة.

على نحو مماثل، فكّر في نفسك باعتبارك علامة تجارية. فأنت فريد من نوعك، وهذه الثقة ضرورية. وفي حين يعتبر الإفراط في الثقة سمة سلبية، وينبغي اجتنابه، فلن يفيدك أيضًا غياب ثقتك في نفسك بالكامل. فقلة الاعتداد بالنفس أو عقدة النقص، هي وصفة محتملة للفشل. فلا تقلل من قيمتك، ولا تحقّر من شأنك أو جدارتك.

يقول جيف بيزوس، الرئيس التنفيذي ومؤسس شركة أمازون: "**علامتك التجارية، هي ما يقوله الناس عنك في غيابك**".

تعامل مع «علامتك التجارية» كأيّ منتج آخر معروض في السوق. ينبغي أن يكون لتلك العلامة قيمة مقترحة، واستراتيجية للتميّز والاتصال، وخطط تسويقية.

لا يتحقّق هذا النوع من بناء العلامة التجارية أو تطوير الذات بسهولة. فهو أمر يستغرق سنوات لتنميته، بوضع الحجر فوق الحجر واللبنة فوق اللبنة! ويتطلب الأمر عرقًا وعناءً ودموعًا ومثابرة شديدة. فأنت في النهاية تخلق سمعة كبيرة. وعليك قبل كل شيء أن تحافظ عليها، وتسهم في نموها. وكل ذلك يقع على عاتقك أنت.

السجل الحافل بالإنجازات والنجاحات والمؤهلات جزء لا يتجزأ من ملف العلامة التجارية الخاصة بك ويضفي مصداقية على ما تسوّقه. اختلافك يتأتّى من اكتسابك لمهارات جديدة واستثنائية تعزّز عملية تطورك. وعندما تنجح في تحقيق ذلك، وتتعامل مع ذاتك باعتبارك علامة تجارية ثمينة ينبغي الحفاظ عليها، فمن المحتمل أن يشاركك الآخرون نفس الرأي.

نصيحتي إليك أن تفكّر مليًا: ما هو نوع العلامة التجارية التي تتمنى أن تخلقها لنفسك؟ وما الذي ترغب في أن تكون معروفًا به؟

إذا قلت الكلمة ملكَتك، وإذا لم تقلها ملكْتها

كلما كثر كلامك، اكتشف الآخرون المزيد عن شخصيتك. وفي بعض الأحيان، قد يفتضح أمر جهلك. وفي أحيان أخرى، قد تظهر صفاتك غير الجذّابة على السطح. ففي حالة عدم تفكيرك في حديثك قبل أن تتكلم، تكون هناك دائمًا احتماليّة الاندفاع بقول ملاحظات غير مرغوب فيها. فبعض التعليقات الفضفاضة، حتى وإن كانت غير مقصودة، قد تسبّب لك الإحراج في حين أنّ بعض التعليقات الأخرى قد تسبّب للآخرين الارتباك في المواقف الاجتماعية أو في أماكن العمل. والحماس الجامح قد يكون ضرره أكثر من نفعه.

تؤدّي كثرة الحديث في العادة إلى انقطاع خيط المحادثة ويضيع التركيز مع تشتّت الأفكار هنا وهناك.

وكلما قلّ الكلام، أصبح من السهل إصلاحه وأصبحت أكثر وعيًا بما تقول، وزادت فرص السيطرة على الأضرار الناجمة عنها. لذلك اقتصد في كلامك وتعلّم متى تحافظ على صمتك. قم بتنمية مهارات الاستماع الجيد فهذا جزء من التواصل الفعّال.

"**إذا كان الكلام من فضة فالسكوت من ذهب**". للكلمات قوّتها ولذلك زن كلماتك ومعانيها. وإذا كان لديك قول مهم يجب أن تسهم به في الحوار، فافعل ذلك. وإذا كانت وجهة النظر التي تود أن تضيفها تبدو غير ذات صلة بالموضوع أو خارج سياق الحديث، فستكون فكرة جيدة أن تكبح جماح نفسك وتحافظ على صمتك.

الناس قليلو الكلام غالبًا ما يكونون ناجحين وتكون لديهم قدرة أكبر على الإنجاز ويحترم الآخرون آراءهم. ولذلك عندما يتكلّمون، تؤخذ كلماتهم على محمل الجد.

تقول الحكمة أنه «**كلما قلّ تفكير الشخص، كثر كلامه**». تمعّن في هذه الحكمة جيدًا.

التواضع
المرونه
الهدوء
التقليدي
النزاهة

ابحث عن القدوة

دائمًا ما نسمع عن أُناس كانوا قدوة لغيرهم، ونسمع عن قصصهم التي ألهموا بها وأثرّوا بها في غيرهم من الأفراد، بل والمجتمعات.

هل من الضروري أن تكون لك قدوة؟ وهل من المفيد أن يكون لك رمز أو شخص تتطلّع إلى الاقتداء به؟

اعتقد الروائي الايرلندي أوليفر جولد سميث أنّ "**الناس نادرًا ما يُحسّنون من أوضاعهم إذا لم يكن لديهم قدوة يتّبعُونها غير أنفسهم**"، وقد يكون ذلك صحيحًا.

وسواء كانت القدوة شخصيّة عامة أو من الشخصيات الأكثر قرباً لك في البيت أو العمل، فإنّ بعض الناس يكتسبون الاحترام لما يتميّزوا به من خصال ولما يرمزون إليه. ولذلك يصبح لزامًا على الشخصية العامة أن تتصرّف بمسؤولية وباحترام.

عند اختيارك قدوة، كن حذرًا بشأن القدوة التي تختارها ولأي صفات تختارها. ولا تُقيّد نفسك باختيار قدوة واحدة فقط.

تماماً كما تذهب للتسوّق فإنك تختار أفضل الأشياء، وفي بعض الأحيان، تخلط الأشياء وتمزجها لتحصل على ما يلبّي احتياجاتك بشكل أكبر. كذلك الحال بالنسبة للصفات التي تأمل في أن تغرسها في نفسك – اختر السّمات والسلوكيات والمهارات والأساليب التي تسعى إلى اكتسابها.

اختر من بين شخصيات مختلفة. فلا يوجد شخص كامل وللجميع عيوب. لذلك لا يوجد شخص واحد يمتلك جميع الصفات التي تطمح إليها. ولا يستحق الجميع الاقتداء بهم، فلا تحدّ من رؤيتك.

قال الممثل الأمريكي الراحل وأيقونة الشباب، جوناثان برانديس: "**أعتقد أن أكثر من ينبغي الاقتداء بهم هم هؤلاء الذين كافحوا ثم استطاعوا أخيراً أن يبلغوا غايتهم**".

من المفترض أن تكون القدوة شخصيّة مُلهمة. لكن احتفظ بتفرّدك وأنت تضيف إلى نفسك سمات شخصية جديدة، ولا تفقد شخصيتك التي تميّزك عن غيرك.

الأفعال أبلغ من الأقوال

الأقوال أسهل من الأفعال، وهذه حقيقة يعرفها الجميع. فالكلام سهل، ولكن التحدّي الحقيقي هو ترجمة هذه الأقوال إلى أفعال، ومن يمسك بزمام الأمور هو من يحصل على التقدير والاحترام الحقيقي كقائد. لذلك، قدّم برهاناً ولا تشرح، وكُن القدوة التي ترغب في أن يحذو حذوها الآخرون.

يقول بنجامين فرانكلين، أحد الآباء المؤسسين للولايات المتحدة الأمريكية: **"أن يقال لك "أحسنت صنعًا" خير من أن يقال لك «أحسنت قولًا"**.

فإذا كنت تسعى للحصول على الاحترام، فعليك أن تظهر الاحترام تجاه الآخرين أولًا فهذا طريق ثنائي الاتجاه. فالاحترام يولّد الاحترام، وهو الأمر الذي ينطبق أيضًا على جميع القيم الأخرى. ليس عليك فقط أن تكسب احترام الآخرين، بل عليك أيضًا أن تُظهر احترامك تجاه الآخرين.

فإذا كان الناس ينظرون إليك كشخص يُظهر احترامه للآخرين بصعوبة، ولكنك تريد أن يحترمك الناس، فستفقد السلطة الأخلاقية التي تخوّلك توقّع احترام الآخرين لك.

إذا كنت ترغب في أن يعمل الناس عدداً معيّناً من الساعات، فعليك أن تكون قدوة وتعمل عدد الساعات نفسه، أو تزيد. وسترى أن الأثر الطيب سينتشر كالعدوى.

الكلمات وحدها لا تكفي. فعليك أن تحوّل أقوالك إلى أفعال إذا كنت ترغب أن يكون لكلماتك ثقل ومعنى. وحينئذٍ لن يكون هناك مجال للحديث. فالعبرة بالأفعال وليست بالأقوال.

عندما يرحل مديرك الجيد

نعم، هناك مديرون جيدون! وهم ليسوا من نسج الخيال كالحصان الخرافي الأبيض أحادي القرن. فأمام كل مدير غير مُلهم، هناك مدير مماثل على قدر كبير من الإنسانيّة يمكنه أن يُخرِج أفضل ما لديك.

يُعرِّف الكاتب والمتحدث الأمريكي جون سي ماكسويل المدير الجيد بأنّه: "**الشخص الذي يناله من اللوم أكثر مما يستحق، ومن التقدير أقلّ مما يستحق**".

وإذا ما كان مقدّرًا لمثل هؤلاء المديرين أن يتركوا العمل، فستكون هذه تجربة مريرة تفطر القلب. فقد كانوا ناصحين وأصدقاء وفلاسفة ومرشدين، وساعدوك على التطوّر وأعطوك أجنحة تحلق بها في فضاء عملك. ولذلك سوف تشعر بالضياع عندما يذهبون. وقد يدفعك ذهاب مديرك المفضل إلى اللحاق به في مكانه الجديد.

إذا فقدت مديرًا جيدًا، فتريّث وتأمّل لحظة قبل أن تقرّر القفز من السفينة واللحاق به في وجهته الجديدة. ففي حين أن ذلك قد يكون نقلة مهنية جيدة لهذا المدير، فإنها قد لا تكون كذلك بالنسبة إليك. ولذلك، عليك أن تنتظر وتبقى في مكانك. قد لا يكون هذا التغيير سيئًا إلى هذه الدرجة. فللحياة طريقتها التي تدفعك بها للأمام لتنال ما تستحق. حاول أن ترى الفرص التي قد تتكشف لك مع هذا التغيير، وأمامك فرصة أن تخرج من الظل. افرد جناحيك وحلّق على نطاق أوسع. فالتغيير قد يحمل لك بالفعل حيثما تكون فرصة جيدة للنمو المهني.

ربما في البداية قد يبدو لك أن العمل تحت إمرة مدير جديد شيء مقلق، ولكن انظر إلى الأمر باعتباره فرصة لتطبيق كل الخبرات والمعارف التي اكتسبتها من العمل مع المدير السابق.

تسلّح بالثقة، وتقبل ظروف العمل الجديدة، وحدّد موضعًا لقدميك. اخرج من منطقة الأمان وأثبت نفسك. ستكون قد حققت سبقًا بالفعل. وسرعان ما ستتكيف مع بيئة العمل الجديدة، بل ربما تصعد سلم الترقي داخل المؤسسة.

ليس من الضروري أن يكون الإنسان حاضرًا بجسده ليلهم الآخرين. فيمكنك أن تستمر في الحصول على القوة والإلهام من رئيسك السابق.

وفي يوم ما، قد تتسنى لك الفرصة لتصبح أحد هؤلاء المديرين الذين كانوا محل إعجابك الشديد!

حُسن إدارة الوقت سرّ النجاح

تشكّل إدارة الوقت بالطريقة المثلى الجانب الأكثر أهمية في أي عمل، بل في الحياة نفسها، فجميع من حقّقوا أهدافهم، مثلهم مثل كل الناس، لديهم ٢٤ ساعة في اليوم فقط. وبالتالي فإن كيفية استغلال هذه الساعات هو ما يصنع الفرق.

يقوم أصحاب الإنجازات بوضع جداول زمنية قبل الشروع في العمل ويرسمون مسارًا لتحرّكاتهم. وقال إبراهام لينكولين مقولته الشهيرة: «**أعطني ست ساعات لأقطع شجرة وسأمضي الساعة الأولى في شحذ الفأس**».

قم بالأعمال التمهيدية كي تُكوّن صورة واضحة عن الحقائق على أرض الواقع. حدّد أهدافك بوضوح في البداية، وقبل أن تشرع في الأعمال التمهيدية التي لا بدّ منها كي تصل إلى غايتك وتحقّق أهدافك.

التخطيط جزء أساسي من إدارة الوقت. وقد أكّد الكاتب الفرنسي أنطوان دي سانت أكزوبيري أنّ «**هدف دون خطة لا يعدو أن يكون أمنية**». فإذا كان التنفيذ ضعيفًا، فسيفشل العمل فشلًا ذريعًا.

اختر معاركك وأهدافك جيدًا وحدّد أولوياتك وافصل الغث عن السمين. احتفظ بالأمور الأساسية لنفسك أما الأمور الأقل أهمية، ففوّضها إلى غيرك حتى تتمكن من التركيز على الأمور التي تحتاج إلى اهتمامك الشخصي.

الطاقة في العمل لها أثر مُعدٍ، تمامًا مثل التثاؤب. لذلك، انتبه للطاقة الشخصية التي تحضرها للعمل. فاتخاذ القرار والحماس والوضوح والإيجابية كلها مجتمعة تحدّد هذه الطاقة.

تشير دراسة نشرتها مجلة Harvrd Business Review الأمريكية إلى أنّ الطاقة الشخصية تأتي من أربعة مصادر أساسيّة هي الجسد، والعواطف، والعقل، والروح. ومن خلال الجهد الواعي، يمكن تنشيط هذه الطاقة وتوسيع نطاقها.

تؤدّي الطاقة الشخصية إلى إدارة الوقت بشكل أفضل وبالتالي تقليص الوقت الذي يستغرقه العمل مع زيادة الكفاءة، فهناك علاقة وثيقة بين الطاقة الشخصية وإدارة الوقت.

كن إنسانًا أولًا، ومديرًا ثانيًا

التواصل مع الفريق هو أحد الدروس الأساسية في فنون الإدارة. فمن الأهمية بمكان أن تعرف فريقك جيدًا. فينبغي أن تعرف ما يُغضب كل واحد منهم. كما يجب أن تكون على دراية بحالتهم النفسية وسلامتهم العاطفية وينبغي أن تهتم بذلك. فيمكن أن يؤثر أي خلاف شخصي على فاعليّة الفريق كله. وإذا شعرت بوجود مشكلة، فعليك أن تحاول علاجها بسرعة.

اجعل الوصول إليك سهلًا وتحدّث بصراحة مع فريقك. وينبغي أن يكون الناس راغبين في الذهاب إليك لمناقشة مشكلاتهم. وعليك أن تعزّز الثقة بداخلهم بأنّ مشكلاتهم في أيدٍ أمينة، ولن يتم إفشاؤها في مكان العمل. هذه هي الخطوة الأولى في بناء الثقة.

سيطمئن الناس إليك ويثقون فيك عندما يعرفون أنك محلّ ثقة. وسيقع عبء عدم خذلانهم على عاتقك. واعلم أنّ بناء الثقة يستغرق زمنًا طويلًا جدًا.

يقول الدالاي لاما إنّ "**القلب المفتوح هو عقل مفتوح**". ولكن عندما تتواصل مع الفريق على المستوى العاطفي، توخّ الحذر من تخطّي الحدود. فهناك بعض الأمور الشخصية التي ينبغي أن تظل كذلك. وربما لا يرغب الجميع في إطلاعك على مشكلاتهم، وعليك أن تحترم خصوصياتهم.

وكذلك قد تؤدي المبالغة في القرب إلى إرباك توازنات القوة، مما يشجّع الموظفين على التعامل بحرية لا مبرّر لها، فاحترس من ذلك لأنه سيؤدي إلى تآكل سلطتك وإضعاف مركزك.

لذلك وأنت تحاول كسب عقول وقلوب الآخرين، تحلّ برجاحة العقل كي تحافظ على مكانتك.

لا تأخذ الامور بجدية مفرطة

من المفترض أن يتوفر في بيئة العمل المناخ المناسب والمثالي الذي يسمح للموظفين بأداء أعمالهم. ولكن كحال معظم أمور الحياة، لا يمكن ضمان ذلك. فقد تكشف بيئة العمل عن أمور إيجابيّة بالنسبة لك، ويمكن أن تكون بعيدة كل البعد عن تشجيعك على النمو في حياتك الشخصية والمهنيّة. فلا تجعل ذلك يسبّب لك التوتّر، فهناك بعض الأمور التي تخضع لسيطرتك، وهناك أمور أخرى تقع خارج نطاق السيطرة. تقبّل ذلك وحاول أن تتخطى مثل هذه الأمور بأسلوب إيجابي ومرح.

يمكنك أن تمزح بشأن العوامل السلبيّة مثل وجود مدير غير مستحقّ إلى منصبه على سبيل المثال أو مدير وصل لمنصبه من خلال علاقاته وتملقه للآخرين. فهل يستحقّ ذلك الأمر أن تستغرق وقتًا طويلًا في التفكير فيه؟ بالطبع لا. ولكن اضحك من قلبك، وحاول الاستفادة من وقتك في التركيز على تنمية ذاتك ومهاراتك.

هل لديك زميل متصلّب الرأي؟ يمكنك أن تخفّف من أسلوبه غير المرن بعدم التفكير فيه كثيرًا والتغاضي عنه، لأنّ التفكير في الأمر لن يفيد ولن يغيّر الموقف، بل ركّز على تحسين جودة خبرتك الشخصية في العمل. بعبارة أخرى، تعلّم أن تسبح مع التيّار، وكن مرنًا بحيث تنحني ولا تنكسر.

قال مصور الرسوم الهزلية تشارلز إم شولتز: **"في كل مرة تجد فيها بعض الفكاهة في موقف صعب، فإنك تصبح من الفائزين"**. وهو قول صائب.

روح الفريق هي أساس النجاح

يُعزى نجاح الفريق إلى تضافر جهود أفراده، ويتحقّق ذلك من خلال تعاونهم والمهارات المتنوّعة التي يضيفها كل فرد إلى الفريق.

ولهذا السبب، فإنّ التنسيق الجيد بين أفراد الفريق يحدّد مدى نجاحه. فلا يوجد مكان لكلمة «أنا» في الفريق بل إن جوهر الفريق يكمن في كلمة «نحن». يتشارك الجميع في الأهداف، ويلعب كل فرد دوره لتحقيق الغايات المرغوبة. فالفشل أو النجاح ملك للجميع على حد سواء.

وكما قالت الكاتبة الأمريكية هيلين كيلر: **"يمكننا أن نحقّق القليل بمفردنا، ولكننا معًا نستطيع فعل الكثير"**.

تكوين فريق كفؤ هو بمثابة تحدّ. ولذلك من الضروري أن يظلّ التركيز منصبًا على المهارات والمواهب والقدرات الفردية بدلًا من التركيز على جنس الفرد أو جنسيته. كن حذرًا من هذه التحيّزات المسبقة التي يمكن أن تكون ناتجة عن التفسيرات الخاطئة لمفاهيم معيّنة. فليس لهذه التحيّزات مكان في بيئة العمل الصحيّة،

والمهارات والمعرفة ليست مقصورة على بعض القوالب النمطية. ويمكن أن توجد المهارة والمعرفة في أي مكان، وينبغي أن تكون لك عين وأذن واعية مثل صائغ المجوهرات الذي يختار الأحجار الكريمة.

كما أن توظيف خليط متنوع من الكفاءات يحسّن من فاعلية الفريق، مما يؤدي إلى وجود شعور بالفخر الجماعي، ومن ثمّ يؤدي إلى نتائج أفضل. يعدّ هذا النوع من فرق العمل أحد الأصول الثابتة في أي مؤسسة، والذي ينبغي أن يكون بمثابة بوتقة لذوبان الأفكار بغض النظر عن مصدر الفكرة، سواء كان رجلاً أو سيدة، مواطنًا محليًا أو أجنبيًا.

تقول الحكمة الأفريقية **"إذا كنت تريد أن تصل سريعًا، فاذهب وحدك، ولكن إذا كنت تريد أن تذهب بعيدًا، فاذهب مع غيرك"**.

الفريق الذي جرى اختياره بعناية سيأخذ المؤسسة إلى وجهتها الصحيحة.

لا تناطح الجبال

فرض علينا بعض الأشياء والأشخاص والمواقف التي لا يمكن تغييرها أو تعديلها، وقد يكون الابتلاء في بعض الأحيان في شكل أشخاص.

وما لا يمكن تغييره لا بدّ من احتماله، فأنت لا تستطيع إعادة تشكيل البشر أو التخلص منهم، تمامًا كما لا يمكنك أن تسبح ضد التيار. إنّه ببساطة أمر غير ممكن.

ولا يمكنك أن تغيّر الطريقة التي يعاملك الناس بها ولا يمكنك أن تغيّر وجهات نظرهم في لحظة. فلا تجهد نفسك بشكل مفرط في محاولات لتغيير الناس أو تغيير آرائهم أو أفكارهم، فقد يتطلّب ذلك زمنًا طويلًا وجهودًا متعدّدة، ومع ذلك قد تبوء تلك المحاولات في النهاية بالفشل.

ما يمكنك فعله هو تغيير ردّة فعلك تجاه الناس لأن هذا أمر يخضع لسلطتك وتحت سيطرتك. وقد قال الطبيب النفسي الشهير فيكتور فرانكل أنّه "**على مصدر الضوء أن يتحمّل الاحتراق**". ولذلك وأنت في خضم ذلك، استخدم وجهات النظر المضادّة والشخصيّات «الصعبة» لتطوير ذاتك بطريقة إيجابية ولاكتساب مهارات ورؤى جديدة، وحوّلهم إلى عامل محفّز يبعث بداخلك إرادة التفوّق وتحسين الذات على المستويين المهني والشخصي.

لا تُهدر طاقتك في معركة خاسرة أو في معركة تستنزف الكثير من وقتك. استخدم هذه الطاقة عوضًا عن ذلك في العمل على تطوير نموك الذاتي.

الفهم والمعرفة

القراءة سهلة، ولكن الفهم الحقيقي واستيعاب جوهر ما قرأت هو الأمر الصعب. وبمجرد أن تحقق ذلك سيكون التحدّي هو كيفية ترجمة هذا الفهم وتحويله إلى أفعال مفيدة لك ولجهة عملك.

الكلام سهل كذلك ولكن الصعب هو إتّباع الكلام بالفعل الذي يتسق مع المعلومات التي جُمعت من القراءة، فالتعليقات الفضفاضة، والعبارات المتباهية، والتأكيدات الرنانة تكون عديمة الجدوى في غياب الأفعال الواضحة.

فهم الناس أمر مهم أيضًا. فكما تركّز على كلماتك، عليك أن تُصغي جيداً لما يقوله الآخرون. ولا تنخدع سريعًا بالناس ولا تثق فيهم ثقة عمياء، بل أعطِ نفسك وقتًا لتعرفهم أولًا. ومن ثمّ يمكن أن تأتي الثقة لاحقًا. كما أنّه من المهم أن تفهم أن هناك ارتباطاً بين الكلام والأفعال. فالكلام وحده لن يكون مقنعًا إلا إذا تبعه تطبيق وفعل ملموسان.

من السّمات المثيرة للإعجاب في الفرد أن يكون مثقفاً ومتحدّثًا بوضوح، ولكن إذا كنت لا تستطيع أن تفهم خلاصة ما تعلّمت أو أن تكشف عنه أفعالك، فستكون كل المعرفة التي حصلت عليها غير ذات جدوى، ولن يكون هناك استخدام عملي أو حقيقي لتلك المعلومات.

عادة ما يتم قياس واختبار الفهم العميق للموقف من خلال الإجراء الفوري أو القرار الذي يتبعه. فالاكتفاء بالحديث فقط هو ثرثرة ليست ذات أهمية.

تَذكّر الحكمة التي تقول إنّ «**الأقوال أسهل من الأفعال**». ولكي يأخذك الناس على محمل الجد، يجب عليك أن تُثبِت وتفعل ما تقوله باستمرار.

لنفسك عليك حقّ..

يُسبّب نمط الحياة في الوقت الحاضر الكثير من التوتّر سواء على الصعيد المهني أو الشخصي، ولهذا لا بدّ من بذل الجهد لأخذ قسط من الراحة من حين لآخر. فهذا لن يساعد على تجديد نشاطك وصفاء ذهنك فحسب، بل يمدّك أيضا بالشعور بالسكينة والعافية.

يجب أن يكون التخلّص من التوتّر الذي تسبّبه الأجهزة الرقمية هو خيارك أنت وليس مجرد خيار يمارسه الآخرون. فقد أصبحت الأجهزة الرقمية تتحكّم في حياتنا وتسبّب كثيرًا من الضوضاء. لذلك قم بوضع الهاتف جانبًا ليوم واحد.

تستقبل عقولنا سيلًا من المعلومات والأخبار والصور باستمرار. لذا عليك ترك الجريدة أو المجلة جانباً والتوقّف عن التفكير. وقمْ بعزل نفسك عن رتابة الحياة اليومية. عدْ لذاتك واستجمّ خلال الوقت الذي تهيئه لنفسك.

اقرأ الكتاب الذي طالما أردت أن تقرأه في وقت الفراغ عندما كنت تعتقد أنه سيكون هناك «مزيد من الوقت». في حقيقة الأمر لن يكون هناك مثل هذا الوقت الخاص، وعليك أن تخلق وقتًا للأشياء التي تساعدك في التخلّص من التوتر. اتصل بأصدقائك القدامى، ونظم لقاءات عائلية، أو ببساطة تكاسل ولا تفعل أي شيء على مدار اليوم. هذه كلها وسائل فعالة للتخلص من التوتّر.

من المفترض أن ينجز العمل في مكان العمل، فلا تحمله معك إلى المنزل لأنّ أيّ نوع من التوتر في مكان العمل ينبغي أن يُترك هناك. وإطالة التفكير في العمل أثناء المكوث في المنزل قد يؤثر مباشرة على الروابط الأسرية مما يزيد الأمر سوءًا. فالمنزل مكان شديد القدسيّة. وعليك أن تتعامل مع القضايا الخاصة بالعمل في مكان العمل وبعقل منتعش.

العقل الذي حصل على قسط جيّد من الراحة عقل منتج. كما قال الكاتب باولو كويلو: "**يُعطي الحقل الذي يُترك ليستريح محصولًا وفيرًا**".

اعرف عدوك

ستواجه منافسين لك في كلّ ميادين الحياة. فأينما كان هناك تضارب في المصالح، لا بدّ أن يكون ذلك مصحوبًا بالتنافس. ولذلك كنْ مستعدًا ويقظًا ولا تتخلّ عن حذرك.

أهمّ ما في الموضوع هو أن تعرف منافسيك، فقد يكونون أُناسًا معك في العمل يعيقون تقدمك المهني بشكل مباشر ويضعون العراقيل في طريقك لإبطائك، أو قد يكون منافسك هو زميلك المبتسم دائمًا والذي يبدو أنه لا ضرر منه لأنه يعاملك بلطف ولكنه في الحقيقة يحاول التخلص منك. تمامًا مثلما قال شكسبير "**قد يبتسم المرء ويبتسم، وهو الشرير**".

وقد يكون مرؤوسًا محبًا للانتقام أو زميلًا حسودًا أو رئيسًا متصلّب الرأي يتردّد في إعطائك ما تستحق. لا تستسلم لسحرهم وكلامهم المعسول ولا لحيلهم الخبيثة. افهم ما يغضبهم وقيّم نقاط ضعفهم التي يمكن أن تستخدمها لصالحك لتعزيز مصلحتك الخاصة.

ابق متيقظًا ولكن لا تكن ضيّق الأفق ومنغلق التفكير، فمن المعروف في عالم السياسة أنّه ليس هناك أصدقاء دائمون ولا أعداء دائمون. وهذا الأمر ينطبق على الحياة أيضًا. فقد تكون في فريق واحد مع منافسك أو منافسيك لإنجاز مشروع ما، وحينها تدرك أنك قد أسأت فهمهم. ربما كان رئيسك قاسيًا وغير مرن، ولكنه أعطاك تقديرًاجيدًا. ولكن ينبغي لك أن تكون يقظًا وتتحرّك بحذر. كن مستعدًا لأن تضع المنافسات والمشاعر السلبية جانبًا أثناء عملك. وتذكّر أن الخصومة لا تقوم إلا بشخصين، وإذا استطعت أن تسمو فوق مشاعر الخصومة، فسوف تستطيع أن تمضي قدمًا في حياتك المهنيّة!

تعلَّم من أخطائك

الحياة سلسلة من التجارب بعضها جيّد وبعضها سيء، وبعضها بين ذلك وذاك. وتنطوي الحياة أيضاً على مجموعة من الأخطاء والخيارات غير الموفّقة. وقد يجانب الإنسان الصواب في الحكم على الأشياء في بعض الأحيان.

وبغضّ النظر عن عدد الكتب التي قد يكون المرء قرأها أو مدى علمه، فإنّ التجارب الحقيقية تأتي من الحياة نفسها ومن النجاح والفشل على حد سواء. وسواء كسبت أو خسرت، فإنّ هناك دائمًا فائدة تجنيها أو درسًا مستفادًا تتعلّمه.

يعتقد فرويد أنّ المرء يكتشف الحقيقة الكاملة من الأخطاء التي يرتكبها. فلا تسع إلى الكمال، بل عليك أن تعي أن الأخطاء لا يمكن تجنّبها حتى لو بذلت قصارى جهدك.

تسير الأمور على ما يرام في بعض الأحيان، وتسوء في أحيان أخرى. وفي كلتا الحالتين سيراقب الشخص الحريص على التعلّم الوضع ويدوّن ملاحظاته ويتحرّك للأمام، مدعّماً بما تعلّمه من هذه التجربة الفردية أو ما تعلمه من تقديره الخاطئ. فقد اكتشف العلماء والباحثون والأكاديميون معظم الأشياء وتوصلوا إليها عبر التجربة والخطأ.

كلّما اكتسبت المزيد من سنوات الخبرة، وتطوّرت في مجال عملك، ستنمو خبرتك كذلك. ولابد أن تكون هناك بعض التجارب غير السارّة فهي مثل حقيبة بداخلها أشياء مختلطة تأخذ منها وتضع فيها على مدى سنوات عمرك.

المهم هو ألا تُصاب بخيبة الأمل بعد الفشل، وألا تزهو بالنجاح. فقد يُضعف كلا النقيضين من نمو الفرد، والشخصيّة الكاملة تحتاج إلى قدرٍ متساوٍ من الفشل والنجاح.

ولذلك تقبّل جميع أنواع التجارب وناقش الأخطاء التي ارتكبتها واعترف بها، وانعم بالحقيقة التي مفادها أنّ كل خطأ هو بمثابة درس في الحياة.

تقبّل الآخرين كما هم

لا يوجد شخصان متماثلان، فالخيارات والغايات وطرق التفكير وأهداف الحياة تختلف باختلاف الأشخاص. وتُشَكّل التجارب والبيئة المحيطة رؤية كل إنسان للعالم من حوله. فما هو صحيح لدى أحد الأشخاص، قد لا يكون كذلك لدى شخص آخر. وهذا أيضًا ما يجعل النظام البيئي الاجتماعي نظامًا عضويًا في مكان ما، في حين يصبح خطًا لتجميع المنتج في مكان آخر.

نعم هناك سبب لوجود القواعد الإداريّة. فهي خطوط إرشاديّة أساسيّة ولكنها ليست بالضرورة مبادئ رئيسيّة تصلح لكل الأوقات وفي كل المواقف. ولذلك، لا تتردّد في الالتفاف عليها، وإذا اقتضت الضرورة، فتجنّبها لتحقق الاستفادة القصوى من الموقف.

ولكن في الوقت نفسه، حاول ألا تُغير الأشخاص كي يتواءموا مع خطتك، أو مع توصيفاتهم الوظيفية. فلا يمكن وضع الناس في قوالب ثابتة. ولكن حدّد نقاط قوتهم واستخدمها بطريقة تحقّق أفضل النتائج.

"**وظيفة المدير المحترف**"، كما ينصح استشاري الإدارة الشهير بيتر دراكر "**ليست أن يحب الناس. وليست تغيير الناس. ولكنها توظيف نقاط قوتهم بشكل ناجح**". طوّر لبنة البناء الأساسية وشيّد بدلًا من أن تدمّر واستغل السمات الشخصية الجوهرية والفطرية الموجودة في الناس. فلا يمكن الحفاظ لوقت طويل على الشيء المفروض على الشخصية أو الخارج عن طبيعتها.

اختلاف وجهات النظر يعني اختلاف الأولويات

إذا كنت تظن أنك تخلّصت من مدير المدرسة والشخصيات الآمرة والمديرين، فإنّ عليك الآن التعامل مع مجلس الإدارة، وهذا هو التحدي. فضع في اعتبارك أنّ مجلس الإدارة لن يشاركك بالضرورة أولوياتك أو حتى حماسك حيال القضايا المختلفة.

الصورة الكبيرة هي الأمثل بالنسبة إلى مجلس الإدارة أو النظرة العامة على المشروع أو المقترح. أما التفاصيل الخاصة بصلب الموضوع فهي مهمتك التي عليك أن تتعامل معها. يعتقد والت ديزني أنه "**ليس هناك سحر في السحر، ولكن كل السحر يكمن في التفاصيل**"، وقد كان محقًا في ذلك. ولكن في كثير من الأحيان، قد لا يكون مجلس الإدارة مهتمًا بالتفاصيل، فليس لديهم هذا النوع من الوقت أو العين الراصدة للتفاصيل، وهذه المهمة متروكة لك. فالأمور المهمّة التي تثير اهتمامك، قد لا تكون مهمّة بالنسبة إلى مجلس الإدارة.

لا يقتصر هذا الأمر على أعضاء مجلس الإدارة فقط، في كل أماكن العمل هرم وظيفي يرسم المهام والمسؤوليات والأولويات بدقة. ففي غرفة الأخبار أو في دار النشر على سبيل المثال، لا يمكن توقع أن يكون للمحرّر المساعد ومساعد رئيس التحرير الأولويات نفسها. ولا ينبغي أن يوهن ذلك من عزيمتك، بل عليك أن ترفع من مستواك وتتعلم أن تتعامل مع الموقف. افهم كيفية عمل مجلس الإدارة، وكيفية تصوّرهم للقضايا. وجهّز نفسك بالتدريج للتعامل معهم. وفي الوقت نفسه، سيكون من المفيد أن تتواصل مع بعض الأفراد من الإدارة العليا لتقترح هدفًا يصبّ في مصلحتك الشخصية. ويمكنك أن تدفع بالأمور إلى الأمام انطلاقًا من هذه النقطة. كما أن شبكة العلاقات الإيجابية والتواصل مع الشخص الصحيح قد يجعلك ناجحاً في المستقبل.

احرص وأنت تركّز على المشروع ألا تفقد البصيرة التي ترى بها التفاصيل والصورة الشاملة أيضًا. فكلاهما يعتمد على الآخر. وبالنسبة إليك، كلاهما ضروري ولا بُدّ من التعامل معهما في الوقت نفسه.

البقاء للأصلح

مفتاح البقاء هو الرغبة الفطرية في البقاء على قيد الحياة في بيئة عدائية على وجه الخصوص. وهذا سَوف يضع جميع مهاراتك موضع الاختبار سواء في حياتك الشخصية أو في مكان العمل. وقد توصلت دراسة أجراها معهد غالوب إلى أنّ الناس لا يتركون وظائفهم، ولكنهم يتركون مديريهم. ووفقًا للدراسة الاستقصائية التي أجراها المعهد وشملت ٧٢٠٠ شخص راشد وُجِدَ أن نحو نصف هذا العدد قد تركوا وظائفهم في مرحلة ما هرباً من مديريهم. وفي الواقع، فإن المدير السيئ هو أحد أهم أسباب استقالة الموظفين من وظائفهم.

في مثل هذه الظروف، من الحتمي أن تضع إستراتيجيَّة تمكنك من اكتساب حصانة ضد أي حملة سلبية قد يوجهها رئيسك ضدك.

استجمع شجاعتك وركّز على طرق تمكنك من التعامل مع رئيسك صعب المراس. كَوّن فريقاً من زملائك الذين يشبهونك في الأفكار ويشاركونك الرؤى نفسها ويمكنهم دعمك إذا اقتضى الموقف ذلك.

في الاتحاد قوّة كما تقول الحكمة القديمة، فاستخدم ذلك لمصلحتك. والشيء الوحيد الذي عليك أن تكافحه بشدة وتحذر الوقوع فيه هو العُزلة. لا يمكنك أن تجتاز هذا الأمر بمفردك ولن يكون من السهل أن تتصدى وحدك لرئيسك. مُد جسور التواصل مع الآخرين واحشد الدعم وافعل كل ما من شأنه أن يجمع بعض الناس من حولك.

وفي الوقت نفسه، لا تُثر نقاط الصراع وتعامل مع أي مواجهة بعقل هادئ وحاول أن تمنع اشتعال الموقف.

والأهم من كل ذلك هو ألا تفقد الأمل. فقد يدعو الأمر إلى الإحباط ولكن المهارات الاجتماعية التكتيكية الجيدة يمكن أن تنقذ الموقف. ولا تكن متسرّعًا وتلقي بوظيفتك من النافذة لأن ذلك سيكون بمثابة هزيمة للنفس وتدمير للذات. يقول تشارلز داروين: "**ليست أقوى السلالات هي التي تبقى ولا أكثرها ذكاءً، ولكنها تلك التي تمتلك القدرة على التكيف مع التغيير**".

تكيَّف مع التغيير واسبح مع التيار. ولكن عندما تأتي اللحظة الحاسمة، جهّز نفسك وكُن مستعدًا بفريقك الأساسي.

اندمج في ثقافة المؤسسة

مثل المؤسسات كمثل الدول، لكل منها ثقافة مميزة وفريدة من نوعها. وجميع المؤسسات، في شتى المجالات لديها مجموعة من القواعد والبروتوكولات غير المكتوبة، وينبغي اتباع روح هذه القواعد.

ويؤكد لو جرستنر، رئيس مجلس الإدارة السابق لشركة «أي بي إم» أنّ "**الثقافة المؤسسية لا تمثل جانبًا واحدًا من جوانب اللعبة بل هي اللعبة نفسها. وفي نهاية المطاف، فإن المؤسسة تمثل القدرة الجماعية لموظفيها والتي تساعد المؤسسة على إرساء قيمها**».

لا يتحقّق النجاح إلا إذا سارت المؤسسة وموظفوها معًا نحو تحقيق هدف جماعي بجهود متضافرة. وهذا الأمر شبيه بقيادة سيارات الدفع الرباعي. فإذا كانت هناك مشكلة بأحد الإطارات، فإن ذلك سيؤثر على الأداء الكلي. وفي غياب الأهداف المشتركة، لن يتمّ الوصول إلى تحقيق الإمكانات الكاملة سواءً بالنسبة للمؤسسة ككيان أو حتى الأفراد.

لذلك تأكد أن هناك اتّساقًا بين توقّعاتك المهنية ونظام القيم الخاص بك من ناحية وبين المؤسسة من ناحية أخرى.

كما أن وجود ثقافة وأخلاق مهنية مشتركة هو أمر بالغ الأهمية لتحقيق تجربة عمل مرضية بشكل حقيقي، لأنّ ذلك يُلهمك لتعطي أفضل ما عندك وتصبح مُتمكنًا من عملك.

قد تمتلك مهارات وكفاءة احترافيَّة، ولكن إذا كانت منظومة القيم الخاصة بك لا تتوافق مع قيم المؤسسة، فقد تشعر بأنك لست في المكان المناسب، تمامًا مثل القطعة غير المناسبة من قطع أحجية الصور المُقطعة.

في حالة إذا ما وجدت صعوبة في مواكبة سرعة خطى الشركة، فأمعن التفكير في الأمر. فإذا كان ذلك راجعًا إلى تداعيات بعض الخلافات بينك وبين زملائك أو رؤسائك، فحاول أن تحلها.

وبعد أن يتم ذلك، إذا كنت لا تزال تشعر بأنك لا تستطيع اللحاق بالركب، فربما يعني ذلك أنك لن تلحق به بالفعل. وربما عليك إذن أن تُعيد تقييم الموقف وتفكر في البديل. ابحث عن شركة تناسب مُثُلَك العُليا وأهدافك من العمل. فتمامًا مثل الفرقة الموسيقية المتناغمة، ينبغي أن يكون إيقاعك متماشيًا مع إيقاع المؤسسة التي تعمل بها.

لا تُحمِّل نفسك فوق طاقتها

نواجه جميعنا وحوشًا في حياتنا اليومية. والوحش في هذا السياق قد يكون أحد الزملاء من كبار الموظفين أو رئيسك في العمل أو حتى مشروعًا أو مهمة عليك إنجازها.

ووفقًا لمقولة استشاري الأعمال الشهير ماثيو هيكس فإنّ «**كل واحد منا هو بمثابة الشيطان لشخص آخر**».

لا شكّ أنّ التعامل مع هذا الشيطان يمثّل تحدّيًا، ولكنه ليس مستحيلًا. وستكون الخطوة الأولى بطبيعة الحال هي معرفة هذا الشيطان. والخطوة الثانية هي معرفة مدى تحمّلك وصبرك؟ فإذا كان التحدّي قصير الأجل أو شيئًا أو شخصًا يمكنك أن تُبقيه بعيدًا عنك، فإنّ الأمور ستكون خاضعة لسيطرتك. أما إذا كان هذا الشيء يمكن أن يدمّرك وله تداعيات طويلة الأجل، فسيكون من الحكمة أن تضع إستراتيجية للتعامل مع الموقف.

وإذا كان مشروعًا يعرّضك لضغوط سلبية شديدة الوطأة أو يسبّب لك بؤسًا يؤثر في صحتك البدنية والعقلية والمهنية، فإن الأجدر أن ترفضه بلباقة وتمضي قدمًا.

إذا كان هذا المشروع سيعطيك جوائز ومصداقية مهنية، فتعامل معه بحنكة. وإذا لم يكن الأمر كذلك، فمن المستحسن أن تترك الأمر برمته.

إذا كان الأمر سوف يستنزف صحتك أو سيكون له أثر سيئ على حياتك الأسرية، فإنّه بكل تأكيد لا يستحق عناء التمسّك به. فهناك بعض الأشياء التي يمكن إصلاحها، ولكن الروابط الأسرية الجيدة والصحة ليست من بينها. لذلك عليك باستمرار أن توازن بين أضرار التحدي وفوائده.

فكِّر في سنة وتكلَّم في ثانية

اتخاذ القرارات هو أحد الجوانب المهمّة في الحياة وفي العمل. ومن حين إلى آخر، ستواجه مواقف صعبة تختبر صبرك، وكذلك قدرتك على اتخاذ قرارات صائبة من دون أو بأقل الأضرار الجانبية.

قد تجد نفسك في مواقف غامضة حيث تُدفع دفعًا نحو اتخاذ قرار مندفع، فلا تتّخذ قرارات متعجلة.

قد يمنحك القرار المتسرّع ارتياحًا وقتيًا، ولكنه يجلب في أعقابه ندمًا دائمًا. فأيّ قرار يتم اتخاذه بشكل ارتجالي، دون وضع التداعيات في الاعتبار، سيأتي بنتائج عكسية. وسوف تندم على التداعيات الناجمة عن القرار. ستكون هناك حالة من الذعر جرّاء الموقف العصيب، فلا تترك الموقف يخرج عن سيطرتك. ففضيلة الصبر أثبتت قدرتها على مر الزمن.

وكي تظل مُسيطرًا، اتَّخذ القرار بهدوء وبذهن حاضر. وسوف يحقّق لك ذلك النجاح المنشود في المستقبل. وفي الأوقات العاصفة، اتخذ القرار الذي أمعنت فيه التفكير، وضع في اعتبارك جميع العوامل المرتبطة به. خذ وقتك لتفكر مليًا إذا كنت مضطرًا لذلك. خذ يومًا أو يومين لتصل إلى قرار. اسمح للعاصفة أن تهدأ وللغبار أن يستقر. حينئذ فقط ستتضح الرؤية، فالصورة الضبابية سوف تسفر عن نتائج ضبابية مثلها.

قال الرئيس الأمريكي السابق وودرو ويلسون بناء على خبرته: "**إنّ قرارًا هادئًا واحدًا يساوي ألف استشارة متعجلة**".

في كل الأوقات، ضع في اعتبارك الحكمة البسيطة التي تقول: "**في العجلة الندامة**".

تَرْحل أو لا تَرْحل؟

قد يكون رؤساء العمل مرعبين. وفقًا لأحد الأبحاث يترك معظم الموظفين غير السعداء في العمل وظائفهم بسبب مديريهم وليس مؤسساتهم. وفي غياب التفاهم بين الموظفين ومدرائهم، يكون من الشائع ترك الموظفين لوظائفهم حتى دون تقييم الموقف أولًا. وبذلك يختار هؤلاء الرحيل بدلًا من البقاء والعمل مع مدير صعب المراس.

في بعض الأحيان، تكون الضغوط أكبر من أن تُحتمل، مما يُجبر الموظفين على اتخاذ قرار المغادرة.

إذا واجهت موقفًا مماثلًا، فكن حكيمًا. تأكّد، عندما تُقيّم الوضع لاحقًا، أنه ليس قرارًا اتّخذته في نوبة غضب، ثم تندم عليه فيما بعد.

قبل أن تترك وظيفتك، اسأل نفسك: هل أنت راحل بسبب مديرك في العمل أم بسبب المؤسسة؟ فإذا كانت الإجابة هي بسبب مديرك في العمل، فسيكون من الحكمة أن تراجع قرارك. وإذا كانت مؤسستك ستساعدك على النمو من الناحية المهنية وإذا كان ينتظرها مستقبلٌ واعد، وإذا كانت تسمح لك بالاستفادة من إمكاناتك لأقصى درجة، ينبغي أن تراجع قرارك.

وأصاب المؤلف ستيفين كوفي كبد الحقيقة عندما قال: "**أهم شيء هو أن تحافظ على الشيء الأهم أولًا**".

والشيء الأهم هنا هو ألا تضع رئيسك قبل طموحاتك. ولا تخضع للترهيب ولاتستسلم، فالرؤساء يأتون ويذهبون. ولا تعاقب نفسك لتنتقم من شخص آخر! فسوف يُضعف ذلك من تقدّمك. والخسارة لن تطال رئيسك ولا المؤسسة، بل ستكون من نصيبك وحدك.

اترك وراءك أثرًا طيبًا

هناك دائمًا فرصة لكي تترك وراءك إرثًا، سواءً كنت رئيسًا أو مرؤوسًا. قد يكون هذا الإرث هو الحجم الهائل من العمل الذي تم إنجازه تحت إشرافك، أو الكثير من قصص النجاح التي سطرتها، أو سجلك الناصع، أو نزاهتك الدائمة، أو حماسك غير المسبوق الذي نشرته في المؤسسة، أو أيَّ شيء آخر مميّز.

تكمن قيمة الأشياء في ندرتها. والصفات التي نادرًا ما نشاهدها هي ما يجب أن نتطلع إليه. هذه الصفات ليست مألوفة، وبالتالي فهي وحدها الجديرة بأن تصبح إرثًا يتبعه الآخرون.

هل تريد أن تترك أثرًا لا يمحى، حتى بعد مدة طويلة من مغادرة المؤسسة؟ إذا كان الجواب «نعم»، ينبغي أن تعمل جاهدًا لبلوغ ذلك لأنه أمر لا يتحقق بسهولة. و يتطلب سنوات وسنوات من الكد لبنائه، ويشبه جائزة إنجاز على عملك مدى الحياة. هل تعتقد بأن الناس سيرغبون في الاقتداء بك؟ هل يحترمونك في غيابك؟ هل يحملون لك إعجابًا بسبب ما لديك من قيم وأخلاق في العمل؟ هل تلهمهم بالقدر الكافي بما يجعلهم يرغبون في السير على خطاك؟ إذا كان الجواب نعم، فأنت إذاً قد تركت إرثًا.

يعتقد بيتر ستروبل، وهو رجل صاحب علاقات واتصالات واسعة في الولايات المتحدة الأمريكية، يعمل مرشداً للآخرين ويسعى إلى جمع قادة المجتمع ورواد الأعمال سويًا، بأن الإرث "**ليس أن تترك شيئًا للناس، ولكن أن تترك أثرًا في الناس**".

ومن هذا المنطلق يستمر الإرث باعتباره كيانًا عضويًا. فما الذي تود أن يَذْكرك الناس به؟

هذه ليست نهاية المطاف

حينما نسير وسط دروب متشعّبة في متاهة الشركات، غالبًا ما نصطدم بحواجز وعوائق يمكننا أن نحوّلها ببساطة إلى فرص إذا غيّرنا طريقة تفكيرنا وتعامَلنا معها بشكل إيجابي.

وكما قال تي إس إليوت: "**ما يهم هو الرحلة، وليس وجهة الوصول**".

فاجعل رحلتك جديرة بالأهمية.

إلى اللقاء